日本のインフラ 3

エネルギーのインフラ

監修／伊藤 毅 東京大学 教授

エネルギーのインフラ

もくじ

エネルギーのインフラ「電力」「ガス」…… 4

日本の電力の広がり …… 6
日本の都市ガスの広がり …… 8
電力はどこから？　ガスはどこから？ …… 10

No.1　エジソンの発電所　電力をつくって送る …… 12
No.2　浅草発電所　日本の電力のはじまり …… 14
No.3　横浜瓦斯会社　日本のガスのはじまり …… 16

No.4　川崎火力発電所　電力をつくる発電所 …… 18
No.5　ユーラス六ケ所ソーラーパーク　再生可能エネルギーで発電 …… 20
No.6　変電所・電線　電力をとどける …… 22
No.7　送電線の補修　電力を守りつづける …… 24
No.8　袖ケ浦LNG基地　LNGから都市ガスをつくる …… 26
No.9　ガス管　ガス管でガスを運ぶ …… 28

いちばん近くの電力インフラ
電柱を観察しよう …… 30
電柱マップをつくろう …… 32

さくいん …… 34

この本に出てくる単位については35ページで説明しています。

インフラとは？

「インフラ」とは「インフラストラクチャー」という言葉を省略した言い方です。
私たちの毎日の生活をささえている道路・鉄道などの交通施設、電話・テレビなどの通信・情報施設、電気・ガスなどのエネルギー施設、水道・下水道の施設などのことです。
地域全体に広がる大きな施設で、つくったり、修理したりするのにお金もかかります。そのため国や都道府県、市町村などが、管理することが多くなっています。

このページのマーク

この本の使い方

インフラ番号・インフラ名　　この施設に関するデータなど

エネルギーのインフラ「電力」

　エネルギーは、私たちが、生活を豊かにするために毎日使っている「力」です。ここでは、私たちの生活をささえている大きなエネルギー、「電力」と「ガス」について学びます。

　電力は灯りをつけたり、電化製品を動かしたり、熱をつくってものや人をあたためたりするエネルギーです。ガスは炎と熱を出し、風呂やキッチンなどで使われるほか、電力をつくる燃料にもなります。電力とガスのもとになるのは、おもに天然ガスや石油ですが、そのほとんどは、外国から輸入されています。輸入した原料から電力やガスをつくり、24時間365日、全国各地にとどけているのが、エネルギーのインフラです。

　電力のインフラには電力をつくる発電所、電力の強さを調整する変電所、電線や電柱などがあります。ガスのインフラには、ガスの製造設備をもつLNG基地、ガスの圧力を調整するガバナステーション、ガスを運ぶガス管、ガスをたくわえる施設ガスホルダーなどがあります。

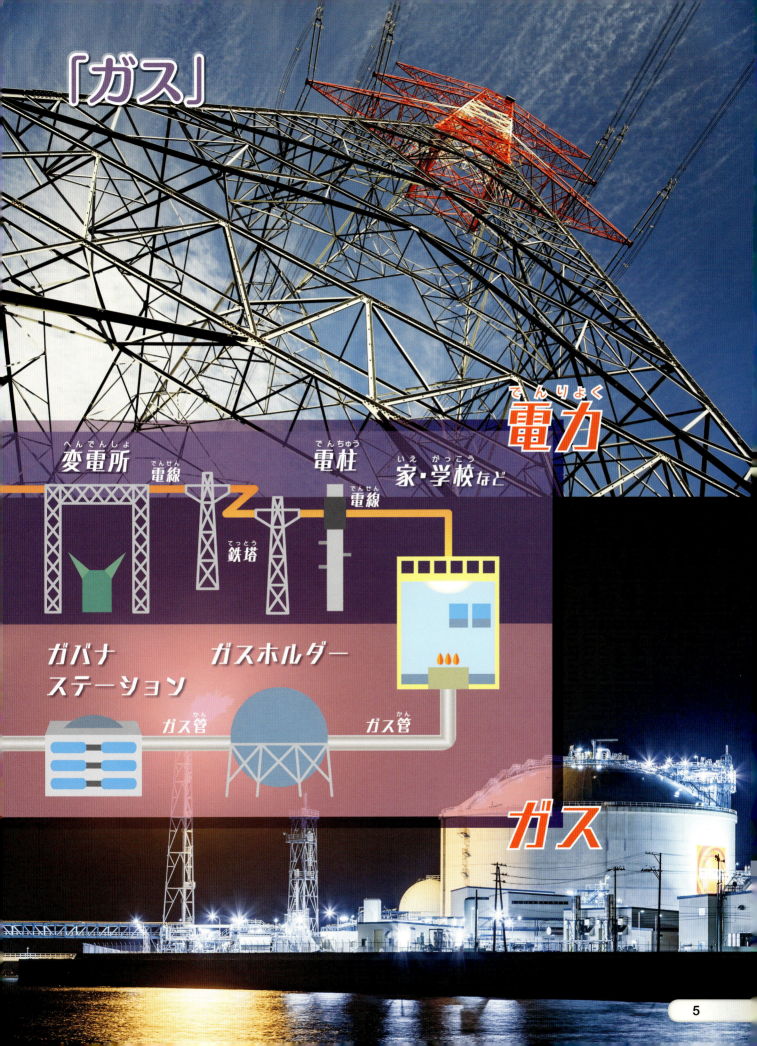

日本の電力の広がり

空からみる

10年足らずで2.5倍に

家庭で使われる電力の使用量を見てみましょう。全国では、1965年度に約283億kWhだった使用量が、1973年度には725億kWhと、2.5倍以上にふえました。地図で見ると、とくに東京・大阪などの大都市で使用量が多いのがわかります。

家庭で使うエネルギーの割合 1965年度
- 石炭 35.3%
- 電気 22.8%
- ガス 26.8%
- 灯油 15.1%
- 合計 17454 ×10¹⁰J/世帯

1965年度 全国 283億kWh

1973年度 全国 725億kWh

家庭で使うエネルギーの割合 1973年度
- 石炭 6.1%
- 電気 28.2%
- ガス 34.4%
- 灯油 31.3%
- 合計 30266 ×10¹⁰J/世帯

電力使用量
- ■ 100億kWh以上
- ■ 70～99.9億kWh
- ■ 40～69.9億kWh
- ■ 20～39.9億kWh
- ■ 10～19.9億kWh
- ■ 5～9.9億kWh
- ■ 1～4.9億kWh
- □ 1億kWh未満

「電気事業便覧」（日本電気協会）より

大都市で多い電力使用量

2014年度には、全国の電力使用量は1973年度の約3.8倍にふえています。家庭での電力は、おもに家の灯りや家庭電化製品に使われます。家庭で使う電力使用量が大都市で多いのは、人口が多いことが理由と考えられます。

全国 2731億kWh　2014年度

（都道府県別の電力使用量 億kWh）
北海道 112.4／青森県 27.7／秋田県 22.3／岩手県 28.2／山形県 24.7／宮城県 49.2／新潟県 49.6／福島県 41.1／栃木県 42.0／群馬県 42.8／茨城県 60.2／埼玉県 139.7／千葉県 119.2／東京都 285.1／神奈川県 172.6／山梨県 19.2／長野県 48.8／静岡県 78.5／愛知県 153.2／岐阜県 44.5／三重県 40.7／富山県 30.0／石川県 32.4／福井県 22.9／滋賀県 32.7／京都府 59.5／大阪府 186.6／兵庫県 121.0／奈良県 30.4／和歌山県 25.3／鳥取県 14.0／島根県 17.6／岡山県 47.1／広島県 67.9／山口県 33.9／香川県 24.4／愛媛県 33.2／徳島県 19.1／高知県 17.3／福岡県 109.4／佐賀県 18.7／長崎県 30.4／熊本県 39.1／大分県 27.1／宮崎県 24.4／鹿児島県 36.2／沖縄県 29.2

電力で調理するクッキングヒーター。家庭電化製品の種類がふえたり、機能が進化したりすることで、電力を使う人がふえていく。今は多くの家庭電化製品が、少ない電力で効率よくはたらく省エネルギータイプになっている。

家庭で使うエネルギーの割合

2014年度
太陽熱など 0.8%
灯油 16.2%
ガス 32.0%
電気 50.9%
合計 34330 ×10⁶J/世帯

2014年度には家庭で使うエネルギー量が1965年度の約2倍になった。石炭や灯油の使用がへり、電気が全体の半分をしめている。

電力使用量のうつりかわり（全国）

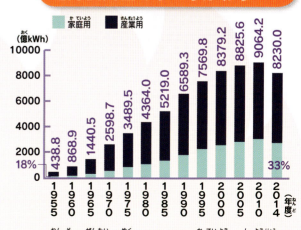

（億kWh）家庭用／産業用
1955: 438.8（18%）／1960: 868.9／1965: 1440.5／1970: 2598.7／1975: 3489.5／1980: 4364.0／1985: 5219.0／1990: 6589.3／1995: 7569.8／2000: 8379.2／2005: 8825.6／2010: 9064.2／2014: 8230.0（33%）

1955年度に全体の約18％だった家庭用の使用量は、2014年度には、約33％までその割合をふやしている。

「エネルギー白書2016」（資源エネルギー庁）より　　「電気事業便覧」（日本電気協会）より

日本の都市ガスの広がり

15年間でおよそ1.7倍に

ガスには、ガス管を通してとどけられる都市ガスと、ボンベに入れて配送されるLPガスがあります。ここでは、都市ガスを使用している家庭や施設の数の変化を、都道府県別に見てみましょう。全国では1971年の1095万戸から、およそ15年間で約1.7倍に、45年間で2.7倍にふえています。

ガスを使用する家庭・施設の数
- 100万戸以上
- 70〜99.9万戸
- 50〜69.9万戸
- 40〜59.9万戸
- 30〜49.9万戸
- 10〜29.9万戸
- 5〜9.9万戸
- 4.9万戸未満

日本ガス協会「ガス事業便覧」
都道府県別「取付メーター数」より

1971年 全国 1095万戸

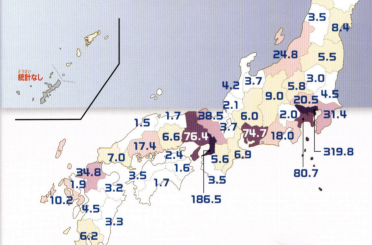

1985年 全国 1867万戸

都市ガスの販売量のうつりかわり（全国）

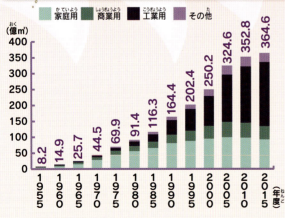

凡例：家庭用／商業用／工業用／その他

（億m³）
- 1955: 8.2
- 1960: 14.9
- 1965: 25.7
- 1970: 44.5
- 1975: 69.9
- 1980: 91.4
- 1985: 116.3
- 1990: 164.4
- 1995: 202.4
- 2000: 250.2
- 2005: 324.6
- 2010: 352.8
- 2015: 364.6

総務省統計局HP「都市ガス累年」、日本ガス協会HP「都市ガス販売量速報」等より

都市ガスの使用量は60年間で約45倍にふえた。家庭用が中心だったが、2000年ころから工業用の割合が大きくなった。

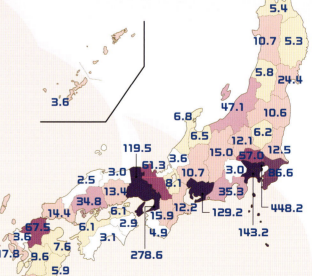

地域によって差がある使用者数

都市ガスを使う家庭や施設の数は、地域によって大きな差があります。建物が集中している地域では、ガス管を通して、多くの建物にむだなくガスをとどけることができますが、建物がはなれて建っている地域では、それぞれの建物までガス管を通すのにお金がかかります。そのため、工事の費用が負担になることから、LPガスを使うところもあります。

全国 2973万戸 2015年
2015年3月末日

各都道府県の都市ガス使用者数（万戸）:
- 北海道 85.7
- 青森県 6.8
- 秋田県 11.5
- 岩手県 6.8
- 山形県 6.7
- 宮城県 37.8
- 新潟県 64.8
- 福島県 14.0
- 石川県 8.2
- 富山県 9.2
- 栃木県 12.6
- 群馬県 16.6
- 茨城県 22.0
- 滋賀県 17.8
- 福井県 3.4
- 長野県 17.8
- 埼玉県 148.8
- 京都府 98.1
- 岐阜県 15.9
- 山梨県 3.7
- 千葉県 184.8
- 鳥取県 3.5
- 島根県 2.8
- 岡山県 17.2
- 兵庫県 180.6
- 愛知県 216.8
- 静岡県 55.6
- 東京都 686.1
- 広島県 46.4
- 香川県 9.8
- 奈良県 31.5
- 三重県 19.4
- 神奈川県 288.0
- 沖縄県 6.4
- 山口県 18.2
- 愛媛県 8.3
- 徳島県 4.2
- 和歌山県 6.6
- 福岡県 93.6
- 佐賀県 4.7
- 大分県 7.9
- 高知県 4.7
- 大阪府 408.8
- 長崎県 20.0
- 熊本県 13.2
- 宮崎県 8.2
- 鹿児島県 17.9

都市ガスとLPガス（全国）

合計 5440万戸
- 都市ガス 53%
- LPガス 44%
- その他 3%

ガスを使用している家庭や施設の数で見ると、都市ガスの使用は全国で約半数。都市ガスは、おもに天然ガスを原料に、ガス管を通してとどけるものをさす。LPガスはおもに石油からつくるガスで、ボンベなどで家庭や施設に直接運ぶことが多い。

※その他は、おもにLPガスをガス管でとどける簡易ガスです。

資源エネルギー庁資料「ガス事業の現状」より　2013年3月現在

家庭で使うLPガスは、定期的に業者がボンベを交換し、利用者は使った分のガス料金をはらう。

空からみる 電力はどこから？

首都圏の電力

東京をはじめとした首都圏では、多くの電力を使うため、関東の発電所だけでなく、福島県や新潟県からも電力を運んでいます。火力・原子力発電所は、燃料を船で輸入するので、海の近くにつくられます。

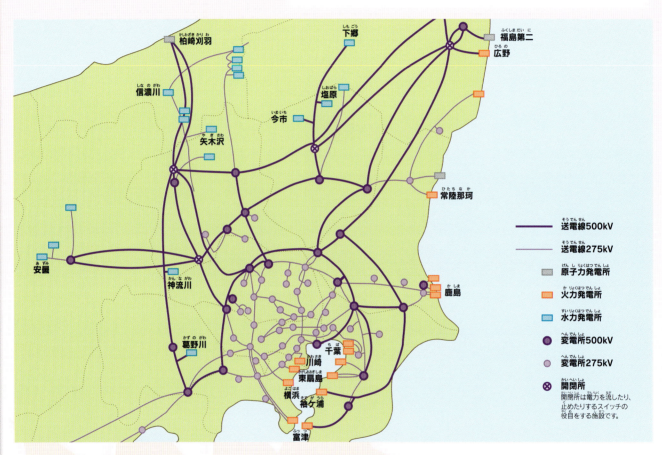

凡例：
- ━━ 送電線500kV
- ─── 送電線275kV
- ■ 原子力発電所
- ■ 火力発電所
- ■ 水力発電所
- ● 変電所500kV
- ● 変電所275kV
- ⊗ 開閉所（開閉所は電力を流したり、止めたりするスイッチの役目をする施設です。）

発電所
電力をつくる施設。使うエネルギーによって、火力発電所、水力発電所、原子力発電所などがある。写真は火力発電所。

送電線
発電所や変電所から電力を送る電線。大きな電力を送ることができる。

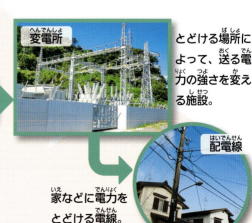

変電所
とどける場所によって、送る電力の強さを変える施設。

配電線
家などに電力をとどける電線。

ガスはどこから？

首都圏の都市ガス

都市ガスは海ぞいにあるLNG基地から、ガス管で運ばれます。LNG基地は、船で輸入したLNG（液化天然ガス）を保管し、ガスをつくる施設です。ガス管は地下に通すため、山間部など、都市ガスをとどけにくい地域があることが、下の地図からわかります。

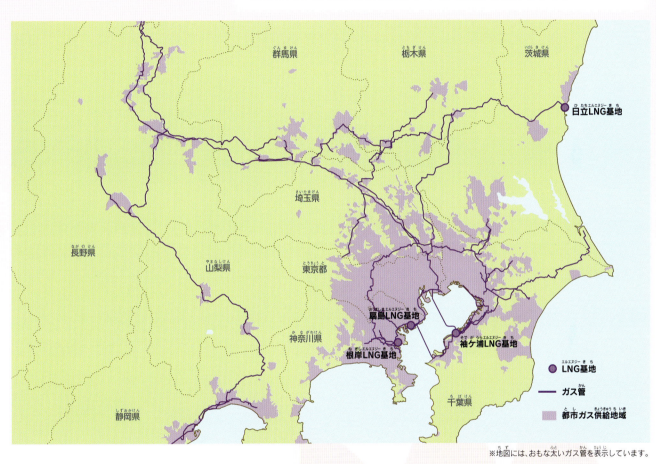

※地図には、おもな太いガス管を表示しています。

LNG基地は、液体で輸入されるLNG（液化天然ガス）を、ガス（気体）にかえて送りだす、ガス製造基地。

ガス管：基地からガスを送るガス管。

基地からとどいたガスの圧力を調整する施設。

ガスホルダー：とどいたガスをたくわえ、量を調節しながらガス管に送る。

圧力を調整したガスがガス管から、家や学校にとどく。

世界最初の発電所はエジソンがつくった
電力をつくって送る

発明家として有名な、アメリカのトーマス・エジソンは、自分が開発した電球を多くの人が使えるように、発電所をつくって、電力を家庭にとどけることを考えつきました。

No.1 エジソンの発電所

エジソンと、エジソンが発明した発電機。1882年に、エジソンは、この発電機を使った火力発電所をニューヨークにつくった。

電球から発電へ

トーマス・エジソンは、蓄音機や電話など数々の発明に関わり、発明王とよばれています。白熱電球を実用化した人としても有名です。エジソンは電球を発明したのではなく、長時間光らせることに成功し、実際に使えるようにしたのです。

次にエジソンは、電球を各家庭で使えるように、電力をつくって、送る計画を立てました。そのために発電機を発明し、電線のネットワークを設計します。1882年にニューヨークにつくられたエジソンの発電所は、発電機6台を使い、半径1㎞の範囲に、およそ30㎞にもわたる電線をはりめぐらせました。こうして1000をこえる電球に、電力を送ったのです。

アメリカにある、エジソンの研究所。トーマス・エジソン・国立歴史公園として保存されている。

エジソンの電球

≫ ポイントはフィラメント

白熱電球は、電球のなかを真空にして、フィラメントとよばれる炭素の芯に電気を通して光らせます。このフィラメントを長持ちさせることで、長時間、電球を使うことができます。エジソンははじめ、木綿の糸を使って、45時間電球を光らせつづけることに成功します。さらに長時間光る材料をさがし、日本の京都の竹を使って、1200時間つづけて点灯させました。

エジソンが、この場所の竹をフィラメントに使ったことを記念して、記念碑が建てられた京都府の石清水八幡宮。

エジソンの電球が点灯したところ。

竹のフィラメントを使ったエジソンの電球。

1895年に東京電灯株式会社が開設した浅草発電所。それまで東京市内の数か所にあった小さな発電所をまとめて、大規模な発電をはじめ、市内に送電した。
※東京市は、1889～1943年まで、現在の東京23区にあたる地域内にあった市。

日本の電力のはじまり

東京銀座に電灯がともった

1882年、銀座の街に電灯（アーク灯）がともり、人びとははじめての明るさにおどろきの声をあげました。1886年には、日本初の電力会社、東京電灯株式会社がつくられ、電力の時代がはじまりました。

No.2 浅草発電所

浅草発電所第一期に使われた国産（石川島造船所製）の発電機。世界的に見ても、大量発電ができる機能だったが、故障などが多く、第二期にはドイツ製が採用された。

明治時代の街に電力が広がった

　日本ではじめて、電灯がともったのは、1878年、東京・虎ノ門の工部大学校（現在の東京大学工学部）でのことでした。4年後には銀座で、さらに2年後には大阪で、電灯の光が街をてらしました。1886年には東京電灯株式会社が誕生し、翌87年には、名古屋、神戸、京都、大阪に、電力会社がつぎつぎとつくられました。

　1887年、日本初の火力発電所をつくった東京電灯株式会社は、第二電灯局をつくり、家庭への配電もはじめます。5年後の1892年には、電力を送る電灯は1万灯をこえました。1890年には、電力で動くエレベーターが浅草の凌雲閣につくられるなど、電力とそのインフラは急速に広がりました。

文明開化絵 東京銀座通電気灯建設之図

銀座にともった電灯を見ようとたくさんの人が集まった。

日本初のエレベーターがつくられた浅草凌雲閣は12階建て。当時はその高さで人気をよんだ。1923年の関東大震災で被害を受け姿を消した。

日本の水力発電 MEMO

火力についで水力で発電

　アメリカでは、世界初のエジソンの火力発電所につづき、ナイアガラの滝を利用した水力発電がはじまりました。日本では1888年に、宮城県の宮城紡績所が所内で使う電力を水力で発電、1891年には、琵琶湖の水を活用するために京都と結んだ水路、琵琶湖疏水を利用して、初の商業用発電所、京都市営蹴上発電所が運転を開始しました。

1912年に完成した第二期蹴上発電所。

蹴上発電所で使われた水車。1897年には、この水車が20台動いていた。

1907年に、東京電灯が最初につくった水力発電所が、山梨県の駒橋発電所。つくった電力を東京の早稲田変電所まで送った。

1872年に横浜で使われた柱を使用し、当時のガス灯を再現したもの。

2002年に、横浜瓦斯会社の跡地から見つかった、当時のガス管。

タイムマシン

横浜にガス灯ができた

日本のガスのはじまり

1872年、神奈川県横浜市にガス灯がともりました。日本初のガス会社、横浜瓦斯（当時は日本社中）が、ガス灯をともすインフラを完成させたのです。

1874年ころの横浜瓦斯。煙突の周辺がガス製造所で、その前の丸い施設が、ガスをためるところ（ガスホルダー）。

No.3 横浜瓦斯会社

最初はガス灯から

東京銀座に電灯がついた10年前に、神奈川県横浜にはガス灯がありました。横浜瓦斯の創立者、高島嘉右衛門がフランス人技師をまねいてガス製造所を開設、できたガスを地下にうめたガス管を通して運び、1872年にガス灯をともしたのです。その2年後、銀座にもガス灯ができました。

電灯が登場しても、ガス灯が急激に数をへらすことはありませんでしたが、灯りとしての役割は、しだいに電力が中心になりました。ガスは、料理や暖房などに使う、熱としての利用が多くなっていきます。

東京名所図会
銀座通り煉瓦造

ガス灯がならぶ東京銀座のようす。点消方という職人が点火棒を持って、夕方はガス灯をともして歩き、朝はその火を消していた。

1909年建築の東京ガス本郷出張所（左）、1912年建築の東京ガス千住工場計量器室（右）を移設して復元した建物（東京都小平市のガスミュージアム）。

台所を変えたガス　MEMO

まきや炭からガスへ

灯りとして日本の暮らしに入ってきたガスですが、1900年代に入ると、料理や暖房に使う「熱」としての利用が広がります。とくに大きく変わったのは台所です。それまで、まきや炭を使って火をおこしていたのが、必要なときにガスで火をつけ、火の強さも自由に調節できるようになりました。

1902年、日本の料理に合わせたガスかまどが発売される。写真は1908年に改良されたタイプ。

ガスレンジやガスかまどのある、明治時代の貴族の台所。まきや炭での調理では、火のようすを見るたびに、しゃがみこまなくてはならなかった。ガスだと立ったまま、煙やすすも少ない清潔な環境で料理ができるようになった。

大隈重信邸の台所

くわしくみる　家で使う電力のはじまり
電力をつくる発電所

私たちが毎日、さまざまなことに電力を使えるのは、発電所で電力をつくっているからです。

神奈川県川崎市にある、川崎火力発電所。LNG（液化天然ガス）を燃料に電力をつくっている。

No.4 川崎火力発電所

燃料を燃やしてつくる熱を、最大限むだにしない発電システムを採用。できた熱の61％を発電に利用できる効率のよさは、世界でもトップクラス。

火力発電のしくみ

1 蒸気をつくる
燃料を燃やした熱で水をあたため、蒸気をつくる

2 回転
つくった蒸気の力で、大きな羽(タービン)を回す

3 発電
タービンの回転で発電機を回し、電力をつくる

※水力発電では、水が落ちる力を利用し、発電機につないだ水車を回して発電しています。

燃料を使って発電する

電力は、発電機でつくります。発電機のなかには、電流が流れる線を巻いてつくったコイルと磁石が入っていて、コイルのなかにある磁石を回すと電力がうまれます。発電所では、発電機につないだ水車やタービンとよばれる大きな羽を回して発電しています。

火力発電所は、石油や天然ガスなどの燃料を燃やして、そのエネルギーでタービンを回しています。原子力発電所では、ウランなどを燃料に、原子力のエネルギーを利用して、電力をつくっています。

写真は燃料を燃やしたときに発生するガスで回すガスタービン。次にのこった熱で水をあたため、蒸気タービンを回す。このように現在の火力発電所では、つくった熱をむだなく使って発電する。

発電所data

発電量No.1 火力発電所

茨城県/鹿島発電所

最大566万kWの電力をつくることができる。燃料は石油と天然ガス。

発電量No.1 原子力発電所

新潟県/柏崎刈羽原子力発電所

7基の発電施設で、合計最大発電量は821万2000kW。2016年11月現在、停止中。

都道府県の発電所の数

全国合計 **6538** 「エレクトリカル・ジャパン」より

発電所が多い都道府県

北海道	407
鹿児島県	272
茨城県	252
兵庫県	243
長野県・千葉県	236

発電所が少ない都道府県

奈良県	49
香川県	54
福井県	60
徳島県	63
和歌山県	64

北海道 407
青森 109
秋田県 139
岩手県 117
山形県 97
宮城県 111
新潟県 173
福島県 226
石川県 82
富山県 175
栃木県 174
群馬県 166
長野県 236
埼玉県 114
茨城県 252
福井県 60
岐阜県 157
山梨県 131
千葉県 236
鳥取県 88
京都府 68
滋賀県 68
愛知県 137
静岡県 205
東京都 83
島根県 102
岡山県 140
兵庫県 243
奈良県 49
三重県 136
神奈川県 123
山口県 131
広島県 147
香川県 54
愛媛県 86
徳島県 63
和歌山県 64
福岡県 218
佐賀県 65
大分県 127
高知県 113
大阪府 90
長崎県 97
熊本県 180
宮崎県 147
鹿児島県 272
沖縄県 80

青森県にあるユーラス六ケ所ソーラーパークは、日本最大級の太陽光発電所。鷹架・千歳平北の2地区を合わせて、東京ドーム50個分以上の土地に、約51万枚のソーラーパネルをしきつめている。太陽光発電は、ソーラーパネルで、太陽の光のエネルギーを電力にかえる発電方法。

くわしくみる

電力を使いつづけるために

再生可能エネルギーで発電

石油や天然ガスなどの燃料は、使えばへっていきますが、川の水や太陽の光、地中の熱、風などのエネルギーは、人が使ってもなくなりません。こうした力を発電に利用しています。

No.5 ユーラス六ケ所ソーラーパーク

なくならないエネルギー

現在火力発電に使われている石油や天然ガスは、地中からほりおこして使います。これからも同じように使いつづけると、いずれはなくなると考えられています。そのため、発電に使ってもなくなることのない、太陽の光や風の力などの「再生可能エネルギー」が注目されるようになりました。2011年の福島原子力発電所の事故のあと、より広く人びとの関心を集めています。

広い土地にソーラーパネルをしきつめたり、大きな風車をならべた発電所がつくられているほか、家や学校などにソーラーパネルや小型風車をつけたり、地域の川で水車を回したりなど、身近なところでも、発電がおこなわれています。

風車で発電機を回す風力発電。大規模な風力発電所では、大きな風車を何本もならべて発電している。家や地域の施設などで、小規模にもおこなわれている。

地面の奥であたためられた地下水や蒸気をくみあげて利用する地熱発電。

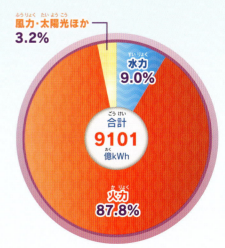

駅前の商店街など、身近なところにもある太陽光発電。

発電data

発電方法の変化

発電方法の変化を見てみると、水力発電の割合が小さくなり、火力発電が多くなっているのがわかります。2014年度になると、まだわずかですが、風力などのエネルギーが入ってきます。

1955年度
- 火力 21.3%
- 水力 78.7%
- 合計 540億kWh

1985年度
- 水力 13.8%
- 原子力 27.2%
- 火力 59.0%
- 合計 5840億kWh

2014年度
- 風力・太陽光ほか 3.2%
- 水力 9.0%
- 火力 87.8%
- 合計 9101億kWh

※2014年度は、全国で原子力発電所が運転を停止していました。

電気事業連合会「電気事業60年の統計」より（1955年度は沖縄県をのぞく）

くわしくみる 使う場所に合わせて 電力をとどける

電車を走らせる電力、大きな工場の機械などを動かす電力、家庭で使う電力と、使う場所によって必要な電力の強さがちがいます。それを調節しながら、電力をとどけています。

No.6 変電所・電線

発電所から、50万Vの電力を受けとる変電所。大きなものでは、東京ドーム数個分になる広い敷地のなかに、強い電力をあつかうさまざまな設備がある。

電力がとどくまで

電力の強さを調整しながら、その強さに合わせた電線を使ってとどけている。

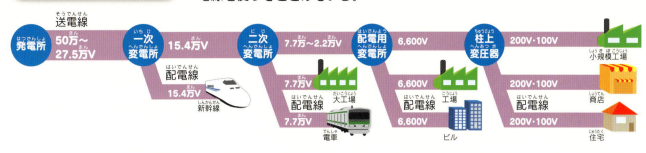

変電→送電をくり返す

発電所でつくられた強い電力は、太くて強い電線、送電線を通って、電力の強さを変える「変電所」に送られます。そこから、送る場所に合わせて電力の強さを変えながら、送電線とそれぞれの施設をつなぐ配電線を通って、だんだんと使う電力が小さい場所へと流れていきます。電車や工場などとくらべて、家庭で使う電力はいちばん小さく、最後は電柱についている、柱上変圧器という装置で電力を調整します。

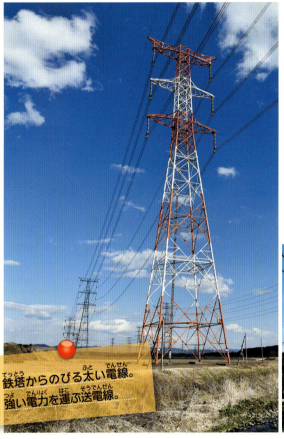

鉄塔からのびる太い電線。強い電力を運ぶ送電線。

電柱から家庭へ電力をとどける電線を配電線とよぶ。

都市部など、電線を地下にうめる地域もふえている。

送電線/配電線 data

約66万km　地中化率1.7%　地球と月の距離の約1.7倍　1965年度

約110万km　地中化率3.3%　地球と月の距離の約2.9倍　1985年度

約145万km　地中化率6.7%　地球と月の距離の約3.8倍　2014年度

※地中化率は、電線を地下にうめている割合です。地球と月の距離はおよそ38万kmで計算しています。
電気事業連合会「電気事業60年の統計」より（1965年度は沖縄県をのぞく）

のびる電線

1965年度に約66万kmだった電線（送電線・配電線）は、およそ50年で2.2倍にのびて、合計約145万km、地球と月を2往復できる距離に近づいています。

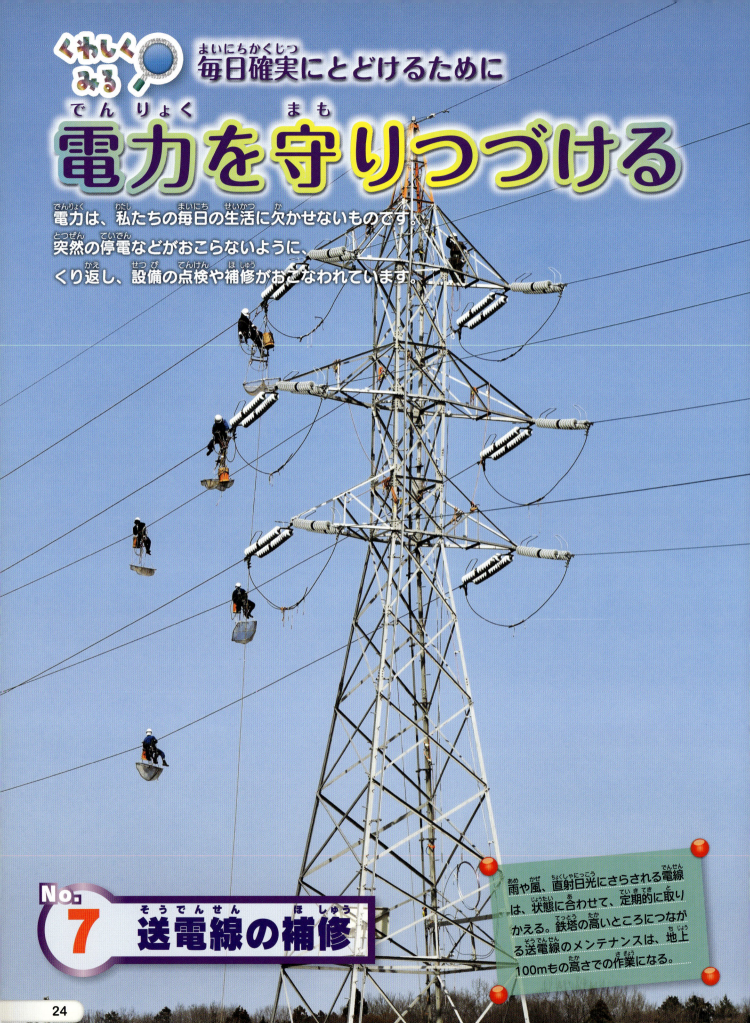

くわしくみる 毎日確実にとどけるために

電力を守りつづける

電力は、私たちの毎日の生活に欠かせないものです。突然の停電などがおこらないように、くり返し、設備の点検や補修がおこなわれています。

No. 7 送電線の補修

雨や風、直射日光にさらされる電線は、状態に合わせて、定期的に取りかえる。鉄塔の高いところにつながる送電線のメンテナンスは、地上100mもの高さでの作業になる。

計画的に点検や、取りかえ作業をする

大規模な電力のインフラは、点検や修理にも時間がかかります。たとえば、発電所のタービンの定期点検には、数十日が必要です。その間、発電機は運転できないため、大きな点検や取りかえ作業をおこなうときは、休止中にその分の発電量をカバーする方法など、長期的な計画を立てて進めています。

発電を休止し、設備を分解して部品の取りかえや、各部分の動きなどを確認する、火力発電所の蒸気タービンの定期点検。2～4年に1度おこなわれる。

電線を点検する作業。電線や電圧を調整する柱上変圧器の状態、木の枝や鳥の巣など周囲に影響をあたえるものがないかなど、定期的に点検している。

電圧を調整する変電所の点検作業。毎日数時間かけて、過熱やさび、油もれがないかなど細かくチェックする。

高圧発電機車

災害時に出動

台風や地震などの災害で、送電が止まってしまったときに、電力をとどけるのが発電機車です。発電機の役目をはたし、停電中の電線などに電力を送ります。

停電中の電線に電力を送る。

道路が使えないときにそなえ、ヘリコプターで発電機車を運ぶ訓練。

25

くわしくみる 家で使うガスのはじまり
LNG（エルエヌジー）から都市ガスをつくる

都市ガスは、おもにLNG（液化天然ガス）からつくられ、そのほとんどが外国から輸入されています。船で運ばれてくるLNGをたくわえ、ガスをつくるのが、LNG基地です。

LNGからガスをつくる設備。マイナス162℃のLNGをパイプに流し、海水を使ってあたため、気体にもどす。

袖ケ浦LNG基地は、千葉県にある世界最大級のLNG基地。230万軒の家族が1年間に使う分のガスをたくわえている。

No.8 袖ケ浦LNG基地

気体→液体→気体

私たちが使っている都市ガスは、ほとんどが天然ガスからできています。天然ガスは新潟県、千葉県、北海道などでもとれますが、量は少なく、多くを外国から輸入しています。気体でほりだした天然ガスを、いちど液体にしてタンカーで運び、海ぞいにあるLNG基地にたくわえます。LNG基地では、ガスをあたためて気体にもどし、地下にうめたガス管を使って、街へ送り出します。

LNG（液化天然ガス）はガスだけでなく、火力発電にも使われるので、LNG基地には、電力会社の基地や、ガス・電力共同の基地もあります。

天然ガスをマイナス162℃まで冷やすと、気体が液体にかわり、体積が600分の1になる。大きなタンカー1せきで、およそ20万軒の家族が1年間に使う量を運ぶことができる。

気体にもどしたガスは、産地などによって熱量に差があるので、一定になるように調整する。写真はそのための装置。その後、においのない天然ガスに、ガスもれなどのときにすぐに気づけるよう、においをつける。

LNG基地 data

全国のおもなLNG基地

LNGタンクの内部のようす。日本最大のタンクは直径72m、深さ62mで、東大寺の大仏殿がすっぽり入る大きさ。

2016年に運転がはじまった東京ガスの日立LNG基地。

「都市ガス事業の現況2016」（日本ガス協会）より

くわしくみる 安全にとどけるために
ガス管でガスを運ぶ

LNG基地でつくられた都市ガスは、圧力の高いガスを運ぶ太いガス管で、遠くはなれた都市まで運ばれます。

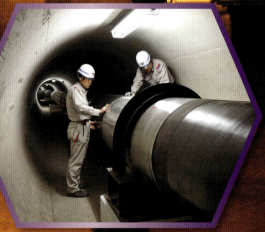

ガスを安全にとどけるための、地下のガス管の点検作業。

新潟県新潟市と、宮城県仙台市をつなぐガス管。専用トンネルのなかを通っている。

No.9 ガス管

地下を走るガス管

LNG基地から都市へとガスを運ぶガス管は、太いものでは直径が90cmほどあり、おもに鉄鋼でできています。運ばれたガスは、ガスの圧力を調節するガバナステーションなどで、圧力を弱め、より細い管で都市のなかを運ばれます。街のなかでは、ガス管は地下にうめられることが多くなっています。

地下のガス管の点検。安全のため、ガス管の状態をチェックしている。

地区ガバナとよばれる施設でさらに圧力を下げたガスを、家庭などにとどけるガス管は、ポリエチレンというプラスチック製のものを使っている。

ガス管用の橋をつくって川をわたすこともある。

ガス管 data

6.7万km	16.2万km	25.5万km
地球1.7周分	地球4.1周分	地球6.4周分
1965年度	1985年度	2014年度

総務省統計局HP「都市ガス累年」、日本ガス協会「都市ガス事業便覧 平成27年版」より

のびるガス管

太い管から細い管まで、すべて合わせたガス管の長さは、1965年度には約6万7000kmでしたが、2014年度は約25万5000km、およそ3.7倍にのびました。

アクション

いちばん近くの電力インフラ
電柱を観察しよう

電柱をよく見てみると、どの電柱も、まったく同じではないことがわかります。家の近くの電柱を観察してみましょう。

電柱が電力の強さを調整

電柱のてっぺんには、細いぼうのようなものがついています。これは架空地線といい、電線を雷から守るためのものです。その少し下に、バケツのような形のものがついていることがあります。これは柱上変圧器といって、電力の強さ（電圧）を変える役目をします。電柱の高いところにある高圧線を通る電力を弱めて、家庭で使う強さにし、一軒一軒の家や建物へ送ります。家や建物が多いところでは、変圧器のついた電柱がたくさんありますが、電力を送る家のない場所では、変圧器はあまりありません。

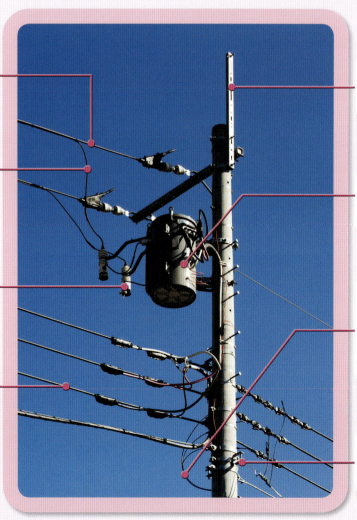

高圧線
強い電力を運ぶ

高圧引き下げ線
強い電力を下に送る

高圧カット
変圧器の高圧側の電流を切るスイッチ

低圧線
変圧器で圧力を小さくした電力が通る

架空地線
送電線に直接雷が落ちるのをふせぐ

柱上変圧器
電力の強さ（電圧）を変える装置

電灯引きこみ線
家や建物につながり電力をとどける
家庭などで使う電力は「電灯」とよばれている

足場ボルト
電柱の上で作業をするときの足場になる

身のまわりにある電柱をよく見よう

家や学校の近くを歩いて、電柱を観察してみましょう。変圧器が2個ついていたり、たくさん電線が集まっていたりするものもあります。変圧器がついていないものもあります。防犯用の灯りや、信号機が電柱についていることもあります。どんな電柱があるか、よく見て記録してみましょう。

準備するもの

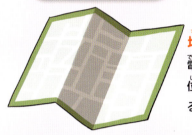
地図
電柱を見つけた位置を書きこめるものを選ぶ

カメラ・スケッチブック
見つけた電柱の写真をとったり、絵をかいたりする

メモ・筆記用具
気づいたことや、調べたいことをメモする

例
変圧器のついていない電柱
電信柱かもしれない
線が下の家につながっている

次の電柱まで、何歩歩いたかもチェックする。あとで自分の1歩のはばを測れば、電柱と電柱の間の距離がわかる。

例
電柱に電灯がついていた
電灯をささえる柱をつくらなくてすむので便利だと思った

※車に気をつけて、まわりの人のじゃまにならないようにしましょう。

電柱 MEMO

電柱と電信柱はちがう？

「電柱」には、電力をとどける電線をつないでいる「電力柱」と、電話やパソコンなど通信に使う線をつないでいる「電信柱（電話柱）」がある。ひとつの電柱が両方の役目をはたしていることもある。電柱には、電柱を管理している会社が表示されている。ただ、かなり高い位置にあるので、見るのはむずかしい。

電力会社のマークがついている電力柱。

NTTが管理している、通信用の電信柱。

電力にも通信にも使われる電柱。

アクション 電柱マップをつくろう

電柱について調べたことを、マップにまとめましょう。

家から学校までの電柱マップ

1 もぞう紙に地図をかく
家から学校までをかく。目印になる施設も入れよう。

2 電柱の場所に印をつける
電柱の特徴によって色を変えよう。家から何本目かの番号もかいてね。

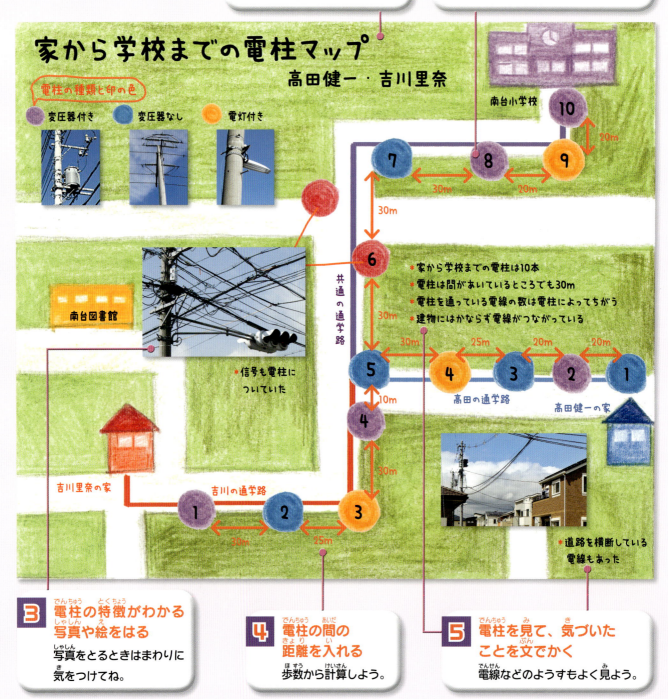

3 電柱の特徴がわかる写真や絵をはる
写真をとるときはまわりに気をつけてね。

4 電柱の間の距離を入れる
歩数から計算しよう。

5 電柱を見て、気づいたことを文でかく
電線などのようすもよく見よう。

電柱・電線クイズをつくろう

電柱や電線について気になったことを調べて、クイズにしてみましょう。

1 問題の文と絵をかく

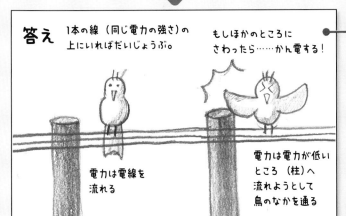

2 答えの文と絵をかく
関係のある情報があれば
つけくわえる

たくさん問題を
つくってみよう！

ガスメーター MEMO

安全機能をもっている

ガスメーターは都市ガスやLPガスの消費量を測る計量器。「マイコンメーター」とよばれるガスメーターは、ガスの使用量を測るだけでなく、コンピュータでガスの使われ方をチェックしている。消し忘れやガスもれなどの可能性がある場合や、大きな地震のときには、自動的にガスを止め、安全を守る。

ガスメーターが自動的にガスを止めるとき

- メーターの大きさで決められた以上の多量のガスが流れた場合
- 長時間、一定量のガスが流れつづけた場合
- 震度5ていど以上の地震を感知した場合　など

家のガスメーターを見てみよう

- 自動的にガスを止めたときや、異常があったときに光る警告ランプ。
- 使ったガスの量が表示される。単位は㎥。

さくいん

あ

浅草発電所 …………………………………… 14
インフラ ……………………… 3、4、15、16、25、30
(トーマス・)エジソン ………………… 12、13、15
エネルギー ……………………………… 4、6、7、19
LNG（液化天然ガス） …………… 11、18、26、27
LNG基地 ………………… 4、11、26、27、28、29
LPガス ………………………………………… 8、9、33

か

ガス ……………… 4、5、8、9、11、16、17、26、27、28、29、33
ガスかまど …………………………………………… 17
ガス管 …………………… 4、5、8、9、11、17、27、28、29
ガス灯 ………………………………………………… 16、17
ガスホルダー ……………………………………… 4、5、11
ガスミュージアム ………………………………… 17
ガスメーター ……………………………………… 33
ガスレンジ ………………………………………… 17
ガバナステーション ……………………… 4、5、11、29
火力発電所・火力発電（火力） …… 10、12、15、19、21、27
川崎火力発電所 …………………………………… 18
蹴上発電所 ………………………………………… 15
原子力発電所・原子力発電（原子力） … 10、19、21
高圧線・低圧線 …………………………………… 30

さ

再生可能エネルギー …………………………… 20、21
蒸気 ………………………………………………… 19、21
水車 ………………………………………………… 19、21
水力発電所・水力発電（水力） …… 10、15、19、21
石炭 ………………………………………………… 6
石油 ……………………………………… 4、9、19、20、21
送電 ………………………………………………… 23、25
送電線 …………………………………………… 10、23、24
ソーラーパネル ………………………………… 20、21
袖ケ浦LNG基地 ………………………………… 26

た

タービン・蒸気タービン ……………………… 19、25
太陽光発電（太陽光） ………………………… 20、21
地熱発電 …………………………………………… 21
鉄塔 …………………………………………… 5、23、24
天然ガス ……………………………… 4、9、19、20、21
電圧 ………………………………………………… 30
電球（白熱電球） ………………………………… 12、13
電線 …………… 4、5、10、22、23、24、25、30、31、32、33
電柱 ………………………… 4、5、23、30、31、32、33
電灯 ………………………………………………… 14、15、17
電力 …………… 4、5、6、7、10、12、13、14、15、17、
18、19、20、22、23、24、25、30、31
電力柱・電信柱 …………………………………… 31
東京電灯株式会社 ……………………………… 14、15
灯油 ………………………………………………… 6、7
都市ガス ………………………… 8、9、11、26、27、28、33

な

燃料 ………………………………………… 4、10、18、19、20

は

配電線 ……………………………………………… 10、23
発電機 …………………………………………… 12、13、19、25
(高圧)発電機車 …………………………………… 25
発電所 ………………… 4、10、12、13、14、15、18、19、23、25
日立LNG基地 …………………………………… 27
フィラメント ……………………………………… 13
風車 ………………………………………………… 21
風力発電所・風力発電（風力） ……………… 21
(柱上)変圧器 …………………………… 23、25、30、31、32
変電所・変電 …………………………… 4、5、10、22、23、25
ボンベ ……………………………………………… 8、9

や

ユーラス六ケ所ソーラーパーク ……………… 20
横浜瓦斯（会社） ………………………………… 16、17

エネルギーのインフラ用語集

電力

🔥 発電所
電力をつくる施設。

・火力発電所
天然ガス、石油、石炭などを燃料にタービンを回して、発電する。

・原子力発電所
原子力のエネルギーを利用して発電する。

・水力発電所
水が落ちる力を利用し、水車を回して発電する。

・太陽光発電所
ソーラーパネルで、太陽の光のエネルギーを電力に変えて発電する。

・地熱発電所
地面の奥であたためられてできた蒸気を利用し、タービンを回して発電する。

・風力発電所
風の力で風車を回して発電する。

🔥 変電所
発電所でつくられた強い電力の電圧を調整する施設。一次変電所、二次変電所、配電用変電所などがあり、送られる電力の電圧はじょじょに低くなっていく。

🔥 柱上変圧器
電柱の上についている変圧器。家庭などに配電する電力の電圧を調整する。

ガス

🔥 都市ガス
おもに天然ガスを原料につくられ、ガス管を通して家や学校などにとどけられるガス。

🔥 LPガス
おもに石油を原料につくられ、ボンベにつめて家や学校などにとどけられるガス。

🔥 LNG基地
都市ガスの原料になるLNG（液化天然ガス）をたくわえ、ガスをつくる施設。運びやすくするために液化した天然ガスを、あたためて気体にもどす。

🔥 ガバナステーション
LNG基地から送られる圧力の高いガスを受けとり、圧力を下げて調整する施設。圧力を下げたガスは工場などに送られ、また地区ガバナとよばれる施設でさらに圧力を下げて、家庭などにとどく。

🔥 ガス管（ガス導管）
ガスを運ぶ管。LNG基地からガバナステーションへ高い圧力のガスを送る高圧導管、ガバナステーションから地区ガバナなどへガスを送る中圧導管は、おもに鉄鋼でつくられている。圧力の弱いガスを送る低圧導管は、ポリエチレンというプラスチック製を使う。

🔥 ガスホルダー
ガバナステーションで圧力を調整したガスを、たくわえる施設。必要な量を調整しながら、ガス管に送る。

この本に出てくるエネルギーの単位

kW：W（ワット）は電力が1秒間にする仕事の量。1kW（キロワット）は1000W ➡ p.19

kWh：Wに使った時間をかけた使用電力量。1kWh（キロワットアワー）は、1kWの電力を1時間使った量 ➡ p.6-7, p.21

kV：V（ボルト）は電気をおしだす力（電圧）。一般的に家庭に送られる電圧は100V。1kV（キロボルト）は1000V ➡ p.10, p.23

10^6J/世帯：J（ジュール）は力、熱、電力などすべてのエネルギーを表す単位。1世帯（家族）が使用したエネルギー量を10×10×10×10×10×10Jで表したもの ➡ p.6-7

監修 伊藤 毅（いとう たけし）

東京大学大学院工学系研究科建築学専攻教授。〈都市建築史〉という観点から日本を中心にした都市および建築の歴史を研究。古代から現代までの日本の都市の歴史についての研究に加え、各地に残る伝統的な都市の保存・再生に関する調査研究を行う。国土交通省東日本大震災復興都市デザイン検討会委員・建築史学会会長。著書に『都市の空間史』（吉川弘文館）、共著に『伝統都市』「イデア」「権力とヘゲモニー」「インフラ」「分節構造」（東京大学出版会）、共編著に『シリーズ都市・建築・歴史（全10巻）』（東京大学出版会）など多数。

装丁・本文デザイン	オフィス303（松川 ゆかり）
イラスト	小池 菜々恵(p31, p33)　上薗 紀耀介(p4, p5, p19, p23, p29, p32,p33)
企画・編集	オフィス303（常松 心平）

写真提供
Shutterstock（カバー）、アマナイメージズ（カバー , p1, p4, p5, p10, p12, p21, p22, p32）、PIXTA（カバー , p4, p5, p9, p10, p11, p13, p15, p18, p23, p24, p30, p31, p32）、東京ガス株式会社（カバー , p4, p11, p16, p17, p26, p27, p28, p29, p33）、東京電力ホールディングス株式会社(カバー , p10, p14, p15, p18, p19, p23, p25)、中部電力株式会社(カバー , p25)、ゲッティイメージズ(カバー , p13)、アフロ(カバー , p15)、リンナイ株式会社（カバー , p8, p9）、石油資源開発株式会社（カバー , p28）、パナソニック株式会社(p6, p7)、フォトライブラリー(p7)、国立科学博物館(p13)、京都市上下水道局(p15)、横浜都市発展記念館 所蔵(p16)、株式会社ユーラスエナジーホールディングス(p20)、九州電力株式会社(p25)

日本のインフラ3

エネルギーのインフラ

2017年 1月20日　第1刷発行

監修：伊藤 毅

発行者：高橋 信幸
発行所：株式会社ほるぷ出版
〒169-0051　東京都新宿区西早稲田2-20-9
TEL 03-5291-6781
http://www.holp-pub.co.jp

印刷：共同印刷株式会社
製本：株式会社ハッコー製本

NDC360　210×277mm　36 p
ISBN 978-4-593-58747-6 Printed in Japan

落丁・乱丁本は、購入書店を明記の上、小社営業部までお送り下さい。送料小社負担にて、お取り替えいたします。

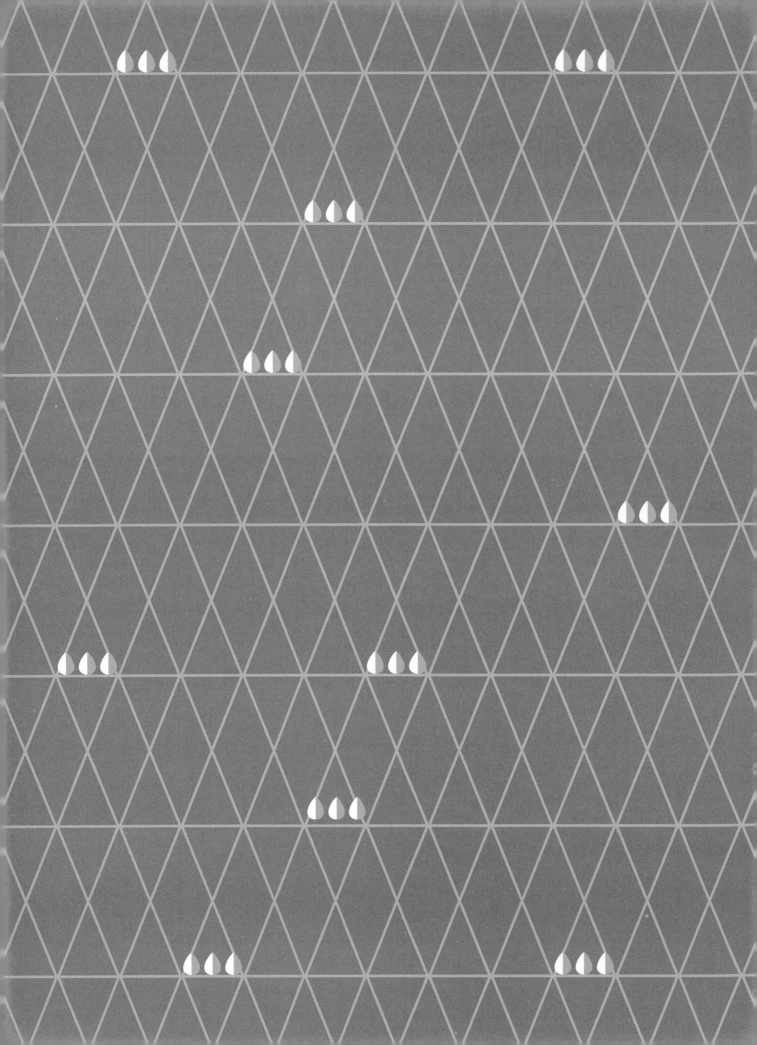